성공을 위한 패자부활전

100명의 성공자들의 공통적인 방법

성공을 위한 패자부활전

100명의 성공자들의 공통적인 방법

초판 1쇄 인쇄 2023년 7월 24일
초판 1쇄 발행 2023년 7월 31일

지은이: 이승진
펴낸곳: 서울의샘
주 소: 서울시 양천구 오목로 38길 13-14
이메일: seoulsem67@naver.com
모바일 팩스: 0504 -322 -2099
전   화: 02-2608-8880

출판편집 : 김주리, 우만직
마 케 팅 : 우만직
등 록: 2023년 06월 23일 제 2023-000030호
ISBN: 979-11-983820-0-9

가격은 뒤표지에 기재되어 있습니다.
잘못된 책은 구입하신 서점에서 교환해 드립니다.

원고 투고: seoulsem67@naver.com

성공을 위한 패자부활전

100명의 성공자의 공통적인 방법

이승진 지음

서울의샘

절망에서 헤매시는 분들에게 바칩니다.

프롤로그

몇 년간을 밤마다 잠이 안 와서 유튜브를 보았습니다. 주로 성공신화였습니다. 과거에 장사를 실패한 경험이 있는지라 성공한 사람들의 애기가 보고 싶었습니다.

가끔은 밤을 새워가면서 보았습니다. 그리고 그 부푼 꿈을 가지고 자고 일어나 보니 그냥 꿈이었습니다. 이렇게 하기를 몇 년, 전혀 삶에 진전이 없었습니다.

저는 30대에 이런저런 장사를 10년 하면서 결국 실패하였습니다.

주로 술과 담배에 중독이 되었습니다. 어떻게 하면 일어설지를 몰랐습니다. 그렇게 밤마다 잠이 안 와서 유튜브를 보던 어느 날, 주위의 한 분이 그냥 살지 말고 계획을 한번 세워 보라는 것이었습니다.

그래서 계획을 세우는데 밤마다 보았던 100여 분의 성공한 사람들의 생각이 떠올랐습니다. 그래서 깊이 이들을 연구해 보았습니다. 의외로 많은 부분의 공통점을 발견하였습니다. 그리고 10년을 연구하다 보니 어느덧 중독되었습니다. 그리고 나도 이렇게 성공할 수 있을 거라는 확신이 들었습니다.

그리고 믿지는 않겠지만 황농문 교수님이 주장하듯이, 몰입을 10년 이상을 하신 분을 만났습니다. 세상은 넓고 고수는 많은 법이죠. 이분을 멘토 삼아 인생의 방향을 잡았습니다. 100분의 성공방법과 10년 이상의 몰입하신 분의 가르침을 이 책에 담았습니다. 성공에 대한 한 치의 의심과 두려움이 없습니다. 그래서 혼자 알기에는 아까워서 이렇게 글로서 옮겨봅니다.

저처럼 삶의 바닥에서 허덕이는 분들에게 전해봅니

다. 확실히 도움이 될 것이기 때문입니다. 왜냐하면, 비록 이루어 놓은 것은 없으나, 제가 술·담배에 중독되어서 실패했듯이. 10년간 이분들의 성공한 삶을 연구함으로써 이분들의 삶에 중독되었습니다. 성공이 저의 삶이 되었습니다.

그럼 지금부터 성공한 사람들의 공통점을 소개합니다. 어쩌면 쉬우면서 효과적인 방법들입니다.

차례

1장 확실한 성공 방법

2장. 찾아 쓰는 성공 요소

1장. 확실한 성공방법

패자부활전, 인생은 결국 자신과의 싸움이다.

수많은 사람과의 싸움이지만,

타인에게는 사랑으로

자신에게는 엄격해야 한다.

패자들의 부활을 진심으로 기원한다.

반드시 성공하는 법을 실었다.

01.

성공스토리를 본다

- 손정의, 이지영, 스티브 잡스 등

성공한 분들의 이야기를 많이 보거나 많이 듣습니다. 성공한 이야기이니 재미있게 보고 들을 수 있을 겁니다. 나와는 거리가 멀다는 부정적인 생각보다 재미있게 보다 보면 이분들의 공통점을 발견하게 됩니다.

각기 다른 분야, 다른 사람들이지만 나름의 공통점이 있더군요. 다들 아시는 분야도 있겠지만, 모르는 분야도 알게 됩니다.

그러다 보면 어느 순간 언젠가는, 우리가 나쁜 것에 중독되듯이 성공에 중독되겠지요. 물론 당장 돈이 들어오고 그렇지는 않습니다. 그러나 자신감과 어떻게 하면 되겠다는 방법들을 알게 됩니다. 이대로 따라 하면 되고요. 이보다 더 성공해야 하지요.

02. 큰 목표를 세운다.

- 소프트뱅크 손정의 등

　우리가 잘 아는 소브트뱅크 '손정의' 회장은 19살에 인생 50년 계획을 세워서 이뤄낸 것으로 유명합니다. 그는 젊은 시절 큰 성공을 이룰 것이라는 허풍을 떨고 다녔습니다. 그리고 주위의 놀림을 받지 않으려고 지독히 열심히 살았습니다. 병으로 죽을 고비도 넘겼지만 결국은 이루었습니다.

　스타강사 '이지영' 선생님도 무명시절 몇백억을 벌 것이라고 얘기하곤 했습니다. 학생들이 허풍이 심하다고 하였으니 보란 듯이 성공하였습니다.

　테슬라 '일론 머스크'는 어릴 적부터 책을 보고

우주선 발사의 꿈을 꾸었습니다. 터무니없는 큰 목표를 세우고 우주선 발사를 성공하였습니다.

메가스터디 '손주은' 회장은 두 자식을 교통사고로 잃었습니다. 그 충격을 잊기 위해 미친 듯이 강의에 매진하였습니다. 이것이 실력이 되어 어느 정도 부를 이루고 정신이 든 후에 어떻게 살 것인가를 고민했습니다. 그래서 계획을 세우고 메가스터디를 창설했습니다. 그는 젊은 이에게 어떻게 살 것인가를 고민하라고 합니다.

누구나 어디를 가든지 내비게이션 없이는 힘이 들며 계획이 꼭 필요합니다. 저도 어느 날 계획을 세우고 나서는 다음날 깜짝 놀랐습니다. 아, 실수했구나, 이제 어떡하지, 계획을 수정할까 등 별생각이 들었습니다.

그러나 며칠을 고민하다 보니 어느새 저 스스

로가 그 계획을 위해 달려가고 있음을 알았습니다. <시크릿>의 '끌어당김의 법칙'이나 기도하는 행위도 이와 비슷하리라 봅니다. 수많은 사람의 꿈을 꾸었고 성공했으며, 그 꿈을 위해 달려갑니다.

이것이 별것 아닌 것 같지만 너무 중요합니다. "계획을 세우면 우주 만물이 도와준다."라는 말도 있습니다. 계획을 크게 가지면 끌어당김의 법칙에서 이루어질 수도 있고 우주 만물도 도와줄 수도 있으니까요.

03. 끊임없이 노력한다.

스타강사 이지영

학창시절 시골의 허름한 집에서 놀림을 받으며 컸습니다. 그래서 이 지긋한 가난을 벗어나고 싶어 미친 듯이 공부했습니다.

하루에 3~4시간만 자고 공부에 몰두하였고 무리하여 병원에도 실려 가곤 했습니다. 포크로 허벅지를 찌르며 공부하여 결국에는 서울대에 합격하였습니다. 그리고 25세부터 학원 강사를 하며, 그때처럼 3~4시간씩 자며 노력했습니다. 지금은 누구나 아는 연봉 100억대의 스타강사가 됩니다. 아무나 못하지만, 누구나 이렇게 하면 성공하리라 생각합니다.

감히 엄두도 못 낼 노력입니다. 오랜 노력의 결실이겠지요. 그러나 출발은 누구나 사소한 것에서 시작하지요. 두려워 마시고요. 부럽기는 하겠지요.

낙숫물이 바위를 뚫듯이 누구나 가능합니다. 아무나 가능하고요. 그냥 시작하시면 됩니다.

하늘은 스스로 돕는 자를 도우니까요.

넘어지면 한번 울고 다시 하면 되는 거죠. 수많은 성공자가 그랬으니까요.

저는 수백 번 넘어졌습니다. 15년을 절망했고요. 앞으로도 수백 번 넘어지겠죠. 상관없습니다.

저는 미래의 성공자니까요.

일론 머스크가 말하는 창업

· 창업은 엄청 힘들고 고통스럽다.

· 처음에는 희망에 부풀고 기쁘기만 하다.

· 많은 문제점으로 고통스럽고 힘들게 된다.

· 많은 사람이 좌절하고 그만둔다.

· 고통을 이겨내야 하며 실패 직전까지 간다.

· 그냥 미친 듯이 일해야 한다.

· 매주 80~100시간씩 일해야 한다.

· 매일매일 열심히 깨어있는 시간 내내 일해야 한다.

· 처음 제품 출고 시에는 다른 제품보다 월등히 뛰어나야 한다. 소비자는 몰라보고 메이커를 찾는다.

· 자신이 최고 중의 최고라 할지라도 항상 실패할 가능성은 존재한다.

· 그러므로 자신이 하고 싶은 일을 하는 게 좋다고 생각한다. 싫어하는 일을 하기에는 인생

이 너무 짧으니까.

- project 스노우볼 -

일론 머스크의 노력 - 지옥처럼 일하라

월요일에 서부 캘리포니아 스페이스X에서 일한 후 밤 비행기로 미 남부 텍사스로 갑니다. 화요일, 수요일은 테슬라에서 일하고 수요일 밤 비행기를 타고 서부 캘리포니아로 옵니다. 목요일, 금요일은 스페이스X에서 일하고 토요일, 일요일은 테슬라에서 일하거나 토요일은 테슬라, 일요일은 스페이스X로 나눠 일합니다. 그리고 그는 지옥에 있는 것처럼 일을 합니다. 그냥 일에 빠져들고요. 일론 머스크의 생활은 가히 몰입에 가깝죠. 그러니까 세계 최고의 부자고요.

그래서 정리하면 다음과 같습니다.

· 먼저 자신이 하고 싶은 일을 하고 사회에 도움 되는 일이면 더 좋다.
· 처음은 힘들고 고통스럽겠지만 일단 열심히 일한다. 자기 일에 재미를 느끼거나 몰입하면 성공과 부는 따라온다.
· 실패할 수 있으니 주위에 자신의 장점보다 단점을(나쁜 말) 지적해 주라고 한다.
· 감사히 받아들이고 자기 일에 참고한다.

마이클 조던의 명언

· "나는 실패를 받아들일 수 있다. 누구나 실패를 겪기 때문이다. 하지만 시도하지 않은 것은 받아들일 수 없다.
· 한 번 포기하면 습관이 된다. 절대로 포기하지 마라.
· 절대 안 된다. 라는 말을 하지 마라. 한계는

두려움과 마찬가지로 환상일 뿐이다.

· 나는 중요한 슛을 놓친 결과에 대해 별로 신경 쓰지 않는다. 이러한 결과들을 생각하면 항상 부정적인 결과만을 생각할 것이기 때문이다.

· 고통이 당신의 아픔일지라도 배움은 축복이 다".

마이클 조던의 감독은, 지금의 마이클 조던을 만든 건 연습이다, 라고 합니다.

- naver blog 무수이 -

김연아 선수의 명언

· 물은 마지막 1도를 넘기지 못하면 영원히 끓 지 않는다. 포기하고 싶은 한 번을 참아내면 내가 원하는 세상에 갈 수 있다.

· 중요한 것은 실패했을 때 할 수 있다는 믿음을 갖고, 한 번 더 도전해보는 것이 중요하다.

김연아 선수의 감독을 그녀는 한 동작을 익히기

위해 1만 번을 연습했다고 합니다. 그만큼 노력으로 성공했다고 하고요.

국가대표 이영표 - 노력의 복리법칙

전 국가대표 '이영표' 축구선수는 '노력의 복리 법칙'을 발견했습니다. 노력을 30번하고 한 번 더하면 31번이 아니라 30번을 한 번 더 하는 60번의 효과가 난다는 겁니다.

노력의 효과는 지수함수처럼 그래프를 그린다는 겁니다. 즉, 한계에 도달하면 그때는 몰입의 경지에 들어가서 무한한 효과가 나올 수 있다는 겁니다.

이 말씀은 성공한 많은 분이 한 애기입니다. 진리에 가깝습니다.

코너 맥그리거 – 나는 신이다

성공한 많은 사람은 열심히 노력합니다. 저는 노력의 양만큼을 돈으로 계산해드리고 싶습니다.

100만 원 버는 사람은 100만 원의 노력을, 1000만 원을 버는 사람은 1000만 원의 노력을 한다고 생각합니다. 물론 여러 가지 변수들이 있겠지요. 교육 수준, 타고난 수준, 운, 직업의 종류 등. 노력이 답이지요.

노력이 안 통하고, 내 일이 아니라고 생각이 들 때면 과감히 다른 길을 갈 줄도 알아야 합니다. 한 우물을 파더라도 우물에 큰 바위가 나오면 다른 곳을 팔 줄도 알아야 한다는 것입니다.

언젠가 UFC 페더급 챔피언을 지낸 '코너 맥그리거'는 자신이 신이라고까지 했습니다.

저는 이해합니다. 하루 10시간 10년을 훈련하면

아마도 신의 경지를 잠깐이나마 구경했을지도 모른다는 생각입니다. 한 분야의 일가를 이룬 사람들은 너무나 큰 노력을 하며 아름답기까지 합니다. 그리고 어쩌면 이것은 당연하고 누구나 인정할 수 있는 부분이기도 합니다.

04. 부정적인 생각을 하지 않는다

긍정적인 생각하기

"부정은 부정을 낳고 긍정은 긍정을 낳는다."
라는 말이 있습니다. 계획을 세우고 시작하면
지금부터는 실패를 생각해서는 안 됩니다. 물론
실패할 수도 있고 넘어질 수도 있습니다.

그리고 '끌어당김의 법칙'에 의해서 나쁜 생
각은 나쁜 결과를, 좋은 생각은 좋은 결과를 낳
는다고 합니다.

성공한 많은 사람이 한 말이기도 하지요, 지
금, 이 순간부터는 "계획이 안 되면 어떡하지!",
"안 될 거야."가 아니라 어떻게 하면 이룰 수
있느냐를 생각합니다.

10여 년 전 유행한 베스트셀러 <시크릿>을 추천합니다. 지금도 많이들 보고요. 책을 보거나 유튜브를 추천합니다.

이 책의 저자 '론다 번'은 자신이 믿는 것이 현실로 나타난다고 말합니다. 그러니 좋은 생각과 발전적인 생각을 해야 합니다. 지금까지 밝혀진 상상의 효과는 많이 있습니다.

'켈리 최'도 상상을 잘하면 큰 효과가 있다고 강조합니다. 그렇지만 망상만 하지 말고 실행하라고 합니다. 상상, 즉 '끌어당김의 법칙'은 의외로 우리가 모르는 많은 비밀이 있습니다.

2. 부정적인 생각은 하지 않는다.

부정적인 생각이나 사람은 피하는 게 좋습니다. 부정적인 생각과 말들은 힘을 잃게 만들고 안 좋은 일들을 끌어당깁니다.

근심, 걱정, 게으름, 남을 흉보거나 또한 좌절하는 등 나쁜 생각을 하는 사람은 피합니다. 일에 대한 두려움이 많거나 망설이기만 한다면 일이 진행되지도 않고 실패할 가능성도 크지요.

알리바바의 '마윈'은 "가난한 사람과는 일하지 마라."고 합니다. 항시 부정적이고 변명하고 사람의 의욕을 꺾기 때문이라고 합니다.

우리는 어느 순간 자신도 모르게 부정적인 생각에 젖어 듭니다. 혹시 남들이 나의 말을 싫어하지 않을까, 미워하지 않을까, 내가 잘못하고 있지 않을까 등 이런 생각이 들 시에는 강하게 뿌리쳐야 합니다.

그렇지만 한편으로는 자신을 돌아보며 잘못하고 있지는 않은지도 돌아보는 겸손한 마음도 가져야 합니다.

05. 운동하기 : 암 예방

                                    - 미국 의학협회

  성공하려면 건강은 필수입니다. 당장 드러누우면 아무것도 할 수 없습니다.

  저는 운동 중에서 일단은 걷기를 추천합니다. 하루에 한 번 정도 아무 조건 없이, 아무 비용 없이 그냥 걸으시면 됩니다.

  그러면 소화도 잘되고 머리도 맑아집니다. 나아가서 자신이 원하는 운동이 있으면 준비해서 하시면 되고요. 암과 같은 큰 병도 어쩌면 이런 사소한 운동을 무시해서 일어날 수도 있다고 합니다. 걷기를 생활화하면 매우 좋습니다.

06. 독서의 힘

성공한 사람들은 책에서 길을 찾기도 합니다. 저는 인터넷 시대에 꼭 책만을 고집하지는 않습니다. 그러나 많은 독서는 정보와 지식을 가져다주며 자신의 발전에 영양분이 됩니다.

성공한 사람의 한 생을, 책 1권으로 몇 시간의 노력으로 접할 수 있다는 것은 너무나 감사한 일이지요. '일론 머스크'도, 책에서 얻은 아이템으로 우주선을 띄웠다고 했습니다.

한 권의 책에는 그 사람의 인생과 고뇌와 삶이 담겨있지요. 물론 책도 책 나름이겠지요.

또한, 독서는 인간 뇌의 전두엽, 후두엽, 측두엽 등 뇌를 활성화해서 머리를 좋게 만든다는 많은 사례가 있습니다.

저는 여기서 '속청速聽법(빨리 듣기)'을 권합니다. 속청도 뇌를 발달시키는 데 아주 좋다고 합니다.

사람마다 주장이 다르지만 2배속 이상이면 머리가 좋아진다고 합니다. 간단한 방법은 교보나 예스24, 알라딘 등 전자책을 구매하면 숙청 기능이 있으니 들으시면 됩니다. 요즘은 오디오북도 있으니까요.

또한, 뇌파훈련도 머리를 좋게 합니다. 파낙토스회사의 뉴로하모니도 엄청 좋습니다. 우리나라는 잘 발달하여 조금만 검색하면 알 수 있지요. 좋은 책을 읽어야 심신이 건강해집니다.

07.

명상, 사색하기

- 스티브 잡스

명상의 힘

많은 분이 사색과 명상으로 훌륭한 사업 아이템을 찾고 성공하곤 합니다. 명상에는 우리가 잘 모르는 비밀이 많이 있을 겁니다. 저도 20년간의 명상 경험이 있지만, 아직도 겸손하지 못합니다.

저는 명상의 힘으로 술과 담배를 절제하고 새로운 삶을 시작했지요. 아마도 혼자서 노력했다면 힘들었거나 실패했을지도 모르겠습니다. 알코올은 10년 정도 끊었지만 담배를 보면 아직도 가슴이 설렙니다.

명상의 힘은 '스티브 잡스'처럼 최고의 창작물을 만들어 내기도 하고 우주의 신비를 알기도 합니다. 무엇보다도 자신을 알 수 있고 절망감을 극복하고 자신감으로 충만할 수 있지요. 명상의 고수들은 신과의 대화도 가능하죠. 명상 고수들의 능력은... 상상에 맡기겠습니다.

백문이 불여일견이죠. 한번 해보시기를 권합니다. 하려면 잘 가르치는 곳에서 제대로 몰입해야 하고요

명상 수련 도서 추천

명상하는 데에 도움을 주는 책 중에 <선계에 가고 싶다>가 있습니다. 여기서 깊게 와닿았던 몇 문장을 적어보려 합니다.

'인생은 고해였다. 객관적으로 보면 그리 나쁘지 않은 상태이지만 내 마음은 왜 그렇게 힘들고 외로웠는지 모른다. … 공부에서 제일 힘들었던 일은 외로움을 견디는 것이었다. 약 천 일간 금촉수련을 했는데 이 기간에 거의 모든 만남을 끊고 오로지 숨만 쉬었다. … 최소한의 살림만 했다. … 친구들은 하나둘 다 떠나갔다. … 힘들 때마다 나는 단군신화를 생각했다. … 그것이 힘이 되어 곰녀의 한 사람인 나는 드디어 최소한의 과정을 이수하게 되었다.'

08. 완벽을 기다리지 않고 시작한다.

정주영 회장 -"해보기나 했나?"

많은 사람이 계획을 세우고 준비가 된 후 실행하려 합니다. 그러나 준비가 잘 안 될 수도 있을 겁니다.

성공한 많은 분은 준비가 덜 되어도 실행하기를 권합니다. 그것이 완벽히 준비된 후 시행하는 것보다 낫다고들 합니다.

유명한 정주영 회장의 말씀이 생각납니다.

"해보기나 했나?"

실행해보면 의외로 일이 잘 풀린다는 말씀들이

있습니다.

도전하기

<부자 아빠 가난한 아빠>의 저자 '로버트 기요 사키'는 "위험을 두려워하고 도전하지 않으면 바보가 된다." 고까지 말합니다.

바람의 파이터 '최배달'은 싸우는 것이 두렵지만 매일 강적을 찾아 나섰습니다. 두려움을 극복하고 도전하여 세계 최강이 되었습니다. 그리고 극진 가라테를 창시하셨죠.

기원전 480년 스파르타군의 300명과 페르시아 백만 대군의 전투는 유명합니다. 300명이 백만 명을 상대로 싸운다는 것은 정말 대단한 용기죠.

최 배달은 최선을 다하겠다는 것은 실패를 대비한 변명에 불과하다고 합니다. 죽을 각오로

싸움에 임하라 합니다. 아마도 스파르타군과 최배달은 생사를 초월한 진정한 전사들이죠. 인간의 용기와 기백은 역사에 길이 남고 교훈을 주지요.

이순신 장군도 12척으로 적의 330척을 상대하여 명량해전을 승리로 이끈 것은 한 사람의 용기가 어찌 보면 나라를 구한 셈이지요.

이렇듯, 용기는 유명한 어떤 특별한 사람만이 낼 수 있는 것은 아닙니다. 누구나 가능하고 아무나 가능합니다. 그냥 시작하다 보면 하루가 이틀 되고 이틀이 사흘 되듯이 가능한 일이지요.

수많은 성공자 중 많은 분은 장애를 극복한 분들이 많습니다.

모자라고 불구이고 열등감을 갖고 태어났으나

남들의 몇 배의 노력으로 성공을 이루죠.

저뿐만 아니라 우리 중 많은 분은 실패와 절망을 안고 있습니다. 저도 오랜 기간 절망의 구렁에서 헤맸습니다.

지금도 가끔 부정적인 생각들이 쳐들어오죠. 그러나 과감히 걷어내고 오로지 목표의 성공에만 집중합니다.

때로는 많은 의심이 들기도 합니다. 그럴 때면 한 치의 의심도 지워버립니다. 많은 성공자가 그랬듯이 저 또한 그 길을 걸어갑니다.

그러면 만일에 실패해도 후회가 없겠지요. 아! 죄송합니다. 잠시라도 부정적인 생각을 했군요. 조금이라도 부정적인 생각을 버립니다. 백 번, 천 번 성공할 때까지요.

우리도 한번 정주영 회장님처럼 해보기나 하

자고요. 파이팅! 입니다.

그리고 저는 10년간, 수백 명의 성공자를 연구하여 공통점을 여기에 옮겨 놓았기 때문에 무조건 성공을 확신합니다.

사기와 성공은 한 끗 차이죠. 약속을 못 지키면 사기가 되고 지키면 성공이죠. 자신과의 약속이며 세상과 약속을 합니다.

09. 용기를 가지고, 두려움을 버려라.

저는 두려움이 많아서 두려움에 관한 조사를 많이 했습니다.

복싱 8체급을 석권한 '파퀴아오'

"자기 자신과 싸움에서 이기는 것이 중요하며 더 중요한 것은 매번 자기 자신에게 싸움을 걸 수 있는 용기"라고 합니다.

'이소룡'

"두려움은 불확실성에서 온다. 이 두려움은 자기 자신을 잘 알면 없앨 수 있다."라고 하였습니다.

마이클 조던

"두려움이란 허상"이라고 했습니다.

일론 머스크

"행동은 두려움보다 우선한다."라고 합니다.

미국 최고 세일즈 맨 '프랭크 베트거'

최고의 세일즈 맨이던 '프랭크 베트거'는 두

려움을 극복하는 방법은 "여러 사람 앞에서 말하는 것이다." 라고 합니다. 이렇듯 두려움을 극복하는 법은 의외로 단순할 수도 있습니다.

저는 장사하던 시절에 많은 기회가 주어졌으나 두려움이 앞서 용기를 내지 못하여 실패하였습니다. 유튜브 채널, <하와이 대저택>에서는 '네이버씰' 교관의 저서를 소개했는데 "고통과 두려움을 많이 노출함으로 극복되며 강한 멘탈 (정신력)을 만들 수 있다."라고 합니다.

여기서 말하는 두려움 극복방법은 다음과 같습니다.
⑴ 두려움을 인정하고 받아들이지는 않는다.
⑵ 공포 반응이 자연스러울 수밖에 없는 훈련을 계속한다.
⑶ 습관화하는 훈련을 한다. 둔감해진다.

정리하면, 역경이 우리 인생에서 불가피하다는 것을 인정합니다. 그리고 역경은 목표를 달성해 나가고, 더 나은 미래를 얻기 위한 과정이라는 것입니다.

카카오톡 김범수

"새로운 사업은 충돌이 불가피하다."라고 말했습니다. 김범수는 학창 시절 코피 터지게 혈서까지 쓰면서 공부하여 서울대에 합격합니다. 네이버 사장과 공동으로 네이버를 창시하였으나 마음이 맞지 않아서 과감히 그만둡니다. 미국으로 건너가서 세계 흐름을 보고 모바일 시대를 예측하고 카카오톡을 세웁니다.

여기서 김범수 의장을 분석해보면 다음과 같습니다.

⑴ 네이버가 그렇게 큰 회사인데도 마음에 안 들 때는 과감히 버리는 배짱이 있습니다.

⑵ '카카오'를 창시한 예지력이 있습니다.

⑶ 혈서를 쓸 정도의 지독한 면도 있습니다.

⑷ 새로운 사업에 대한 도전과 충돌의 용기가 있습니다.

⑸ 여기서 사례를 안 들었지만, 무엇보다도 기부입니다. 전 재산의 반을 기부하겠다고 합니다.

⑹ 수조나 수십조가 될 것입니다. 일론 머스크가 6조를 기부한 것과 같이 보면 이룬 자들은 이타심(남을 배려하는 점)이 많습니다.

이런 면은 특히나 존경하고 배워야 할 것입니다.

10. 실패는 관에 들어갈 때 한다.
- 서정진 회장

셀트리온 '서정진' 회장

저는 한때 셀트리온의 '서정진' 회장의 스토리에 흠뻑 빠져서 너무 기뻤습니다. 어릴 때 흙수저의 아들로 태어나서 가족과 함께 연탄배달로 자라면서 열심히 살았습니다. 하루도 그냥 살지 않고 열심히 살았다 하며 학창시절 택시 운전을 하면서 최고의 성적을 거뒀습니다.

대우그룹에 젊은 시절 입사하였으나 회사의 어려움에 과감히 그만두고 자본금 5000만 원으로 45세의 나이에 '셀트리온'을 창립합니다.

수많은 어려움에도 정진하여 세계의 그룹으로 성장시킵니다.

여기서도 서정진 회장님에게서 배울 점을 분석해보았습니다.

첫째는 용기입니다. 대우가 어려울 시 과감히 첫 번째로 뛰쳐나왔습니다.

둘째는 배짱이죠. 자본금 5,000만 원으로 아무것도 모르고 제약업계에 뛰어든 거죠.

셋째, 신념이죠. 어려운 고비에 접을 수도 있었겠지만 이루고야 말겠다는 신념요.

넷째, 믿음입니다. 자신을 믿고 전혀 모르는 제약 분야에 들어서 독학으로 배우고 이루었죠.

다섯째, 노력입니다. 연탄배달로 중고등을 배웠고 택시기사로 일하면서 대학을 보냈습니다.

서정진 회장은 주위 분에게서 조그마한 도움을 받아도 미안함과 고마움을 아는 거죠, 이런 사람을 누구나 돕고 싶을 겁니다.

그리고 회장은 수많은 어려움을 겪고 일어서

면서, 실패를 모르고 실패는 죽을 때 관 속에 갈 때 하는 거라 합니다.

이루고 싶은 절실함만이 있습니다.

야나두 '김민철' 사장

24번의 실패를 지나오며 성공의 법칙은 작은 성공을 많이 하라는 것입니다. 사소한 밥 먹는 성공, 이 닦는 성공, 이런 것이 모여 자신감이 생겨서 큰 성공을 이룰 수 있다고 합니다.

저도 가끔 크고 작은 좌절감을 느낍니다. 그럴 때면 도무지 답을 찾을 수가 없지요. 그리고 심한 절망감이 찾아옵니다. 어떻게 해야 할지를 모르겠고요. 이불속을 뒤집어 잠을 청하기도 하고요.

그러면 이 책에서의 성공자들이 생각나더군요. 그리고는 깜박 잊고 있던 성공의 공식 같은

이 방법들을 되새깁니다. 그러면 많이 도움이 되었고요. 마음을 돌이키고 새 출발을 하지요. 상쾌한 기분으로.

스노우 폭스 '김승호' 회장

김승호 회장은 실패 시에 운동을 추천합니다. "건강한 신체에서 건전한 정신이 깃든다." 라는 거죠.

저의 경우에는 실패 시에 '간절함'이 저를 일으키더군요. 다시 해야겠다는 간절함이 절망감에서 헤어 나오게 하더군요.

스티브 잡스 - "실패는 축복이다."

우리는 많은 실패를 하여왔고 했기 때문에 지금

이렇게 바닥을 헤매고 있습니다.

애플의 스티브 잡스는 자신이 일으킨 애플에서 잘렸을 때를 축복이었다고 말합니다. 이렇게 쉽게 말하지만, 누구나 아프고 고통스러워 피하고 싶었을 것입니다. 그러나 실패가 성공의 관문임을 안다면 기꺼이 받아들일 수 있습니다.

우리는 성공을 겪어보지 못했으므로, 힘들고 어려운 관문임이 틀림없습니다. 그러므로 저는 성공 스토리를 자주 많이 볼 것을 권합니다. 술·담배에 쉽게 중독되듯이 성공에도 쉽게 중독되리라 확신합니다.

11. 감사

앞에서 말씀드린 '서정진' 회장은 미안함과
고마움을 모르는 사람과는 지내지 말라고 하였
습니다.

감사함을 모르는 사람은 누구나 싫어하죠. 도
움을 받아서 감사한 것이 아니라 감사해함으로
써 좋은 일이 생긴다는 거죠.

도움을 줌으로써 도움을 받는다는 기부의 원리
인 인과응보와 같은 맥락입니다.

세상에는 감사함이 너무 많습니다. 이렇게 숨
쉬고 살아있다는 사실만으로도 정말 감사하죠.

어떤 사람은 태어날 때부터 불구로 태어나서는 수십 번의 수술로 겨우 사람 구실을 하기도 합니다. 그 사람도 우리처럼 정상으로 태어나고 싶었겠죠. 우리가 이렇게 태어난 것이 당연한 것이 아니라서 감사한 겁니다.

사람들은 이런 감사한 사실들을 깜박깜박하지요. 저도 물론 깜박하고요. 감사함은 의외로 중요합니다.

가끔 우리가 어려운 처지인 사람을 도왔는데 고마움을 모르고 당연시하는 사람은, 다음에는 돕지 않을 겁니다.

그리고 이 사실이 주위에 알려지면 더욱 그 사람은 외톨이가 됩니다. 잘 알면서도 우리는 깜박 잊거나 바빠서도 잊고는 합니다.

이렇게 성공방식을 전달할 수 있어서 감사하고 되새길 수 있어서 감사합니다.

12. 꾸준함, 습관, 반복

누구나 큰 꿈을 꾸고 노력하지만, 작심 3일이 많지요. 보통은 하루가 고비이고 일주일이 고비이고 21일, 40일, 100일 이런 식으로 고비가 오더군요.

'스터디코드'의 '조남호' 선생님은 매일 많이 자고 공부시간이 그리 많지도 않지만, 서울대를 갔습니다. 이 꾸준한 노력을 하는 데 미치는 줄 알았다고 합니다. 그 비결은 매일 꾸준히 하는 겁니다.

어느 유명한 작가는, 1년에 몇 권씩 책을 낼 수 있는 비결이 매일 꾸준히 썼기 때문이라 했습니다.

바람의 파이터 '최 배달'은 300번 연습은 흉내
낼 수 있고 3만 번 연습은 자신도 모르게 연습
의 기술로 이길 수 있다고 합니다.

꾸준함이 습관이 되고 루틴이 되면 자기 분야
에 성공하리라 봅니다. 반복의 힘은 상상을 초
월하지요.

13. 몰입

- 황농문 교수

'황농문' 교수님이 소개한 <음부경陰符經>에서는 "3일 동안 하나에 집중하면 능력이 만 배가 된다."라는 말이 있습니다. 저의 생각에는 수많은 성공한 사람들이 다 이 방법으로 성공했으리라 생각합니다. 사업에서는 3년이 고비라는 말이 있습니다.

<음부경陰符經>에서 말했듯이 '3일 동안 하나에 집중하면 만 배가 된다.'라는 것을 사업에 10년 적용하면

3일 몰입 = 10,000배

300일(약 1년) 몰입 = 1,000,000배

3000일(약 10년)이면 10,000,000배

10년이면 1천만 배의 능력이 생긴다는 말입니다. 먹고, 자고, 일하는 시간(하루 중 12시간을 빼면) 500만 배의 능력이 생긴다는 결론입니다.

10년 동안 하나에 집중하면 능력이 500만 배가 된다는 얘기입니다. 할 수만 있다면 기적도 이룬다는 얘기지요. 무슨 일이든 가능합니다.

이처럼 몰입의 가치는 어마어마합니다. '성철스님'도 이러한 고행으로 깨달음의 경지를 가지지 않았나 추측해봅니다.

'황농문' 교수는 '에디슨' 같은 세계적인 천재들도 몰입을 통해서 이루었다고 합니다.

이 부분들도 책을 사보거나 인터넷을 몇 번 보면 알 수가 있습니다. 어떻게 보면 쉬울 수도 있으나 사람들이 잘 안 하죠.

저는 올 봄에 인기상품으로 히트를 친 <세이노의 가르침> 책이 너무 감동적으로 와닿았습니다. 주위에 소개하고 책도 몇 권 나눠주어도 아무도 제대로 읽지 않더군요. 책 내용이 "피보다 진하게 열심히 살아라."라는 뜻으로 저는 받아들였습니다. 어찌 보면 몰입해서 열심히 살라는 뜻일 겁니다.

저도 아직 몰입을 제대로 해보지 않으면서 이렇게 전하는 것이 부끄럽습니다. 그렇지만 제가 계획을 세우고 제대로 해보겠다고 마음먹은 순간에, 몸과 마음이 몰입되는 것을 경험했습니다. 그러면서 무한한 자신감이 넘치더군요. 그래서 이렇게 자신 있게 소개해 드립니다.

14. 기부의 법칙

- 주윤발

'주윤발'은 돈은 자기 것이 아니고 자신은 잠시 보관만 한다고 합니다. 8100억의 전 재산을 기부하였습니다. 전 세계 사람들이 존경합니다.

남을 돕는 사람은 자신이 어려울 때 망하고 싶어도 망할 수가 없을 겁니다. 위기에 망하려 해도 자신이 도움 준 것에 의해서 계속 도움을 받게 되죠. 자신이 도움받으려고 기부한 것이 아니라 기부함으로써 도움받죠. 망하려 해도 망할 수가 없는 겁니다. 이것은 계산이 아니라 순수한 마음이죠. 어쩌면 인과응보의 법칙이 적용되는 '기부의 법칙'이라 할 수 있죠.

앞에서 본 '일론 머스크'나 '김범수' 의장 등 수많은 사람은 '기부의 법칙'을 알고 있죠.

15. 환경개선

학생들이 좋은 학교나 학원을 찾는 것은, 일종의 좋은 환경을 갖추려는 거죠.

몰입을 강조하신 '황농문' 교수님도 몰입을 위해서는 좋은 환경을 갖추라고 합니다.

<세이노의 가르침>의 '세이노'도 멀리서 출퇴근하지 말고 직장 근처로 이사하라고 강조합니다. 일을 더 시키기 위해서가 아니라 출퇴근 시간을 아껴서 자기계발에 쓰라는 거죠.

뒤에서도 말씀드리겠지만 인간이 태어난 여러 요소 중에서 환경은 자신이 얼마든지 바꾸어서 성공의 도구로 활용할 수 있습니다. 이것

은 의외로 중요합니다.

1시간의 거리를 출퇴근하는 직장인이라면 왕복 2시간을 소비하죠. 일주일만 계산해도 가까이에서 다니는 사람보다 하루가 낭비입니다.

저는 젊었을 때, 친구들이 술·담배를 많이 했습니다. 저는 주위의 환경에 자연스럽게 술·담배를 접하게 되었습니다. 물론 열심히 공부하여 성공해야겠다는 생각도 있었습니다. 그러나 저는 저의 의지를 환경에 지고 말았습니다.

지금 같으면 이사를 하여서라도 좋은 환경으로 바꿀 것입니다. 태어난 종자(핵인자)는 어쩔 수 없으나 환경은 언제나 저 스스로 바꿀 수 있으니까요. 최고의 좋은 환경으로 바꾸어서 성공에 도전할 것입니다. 그리고 기도나 명상으로 저의 영성을 업그레이드 하렵니다. 뇌를 업그레이드

하는 거죠.

　기도나 영성개발로 얼마든지 타고난 사주를 벗어날 수 있다고 합니다. 저의 주장이기도 하지만 수많은 선각자가 자신의 사주를 바꾸고 성공을 이룬 모습을 보여주고 있습니다.

16. 일찍 일어나기

성공한 사람 중 많은 분은 일찍 일어나서 명상하거나, 사색하면서 하루의 계획을 세웁니다.

새벽은 만물이 소생하는 시간이고 맑은 시간대입니다. 사업의 좋은 아이템과 정보를 얻기에도 좋다고 합니다.

'애플'의 '스티브 잡스'는 새벽에 명상하면서 하루를 계획한 것으로 알고 있습니다. 장사하는 가게에는 첫 손님을 중요시하지요. 기분이 나쁠 때는 소금을 뿌리기도 하고요. 그렇게까지는 아니어도 무슨 일이든 출발을 잘하면 잘 될 수도 있습니다.

"일찍 일어나는 새가 벌레를 잡는 법" 이죠.

저도 일찍 일어나는 편이나 가끔 늦게 일어나면 그날 하루가 불편해지기도 하더군요.

똑같은 시간인데 늦게 자고 늦게 일어나는 것보다는 일찍 자고 일어나는 것이 제게는 좋았습니다.

물론 저는 새벽을 선호하지만 저녁을 선호하시는 분들도 많습니다. 사람은 각자의 인생을 살고, 자신이 없으면 세상이 없는 거 마찬가지죠.

17. 주위의 분들과 돕고 산다.

이 사회는 혼자는 살 수가 없습니다. 여러분들과의 관계에서 발전하고 진화합니다. 사업을 함에서는 무엇보다도 주위 분들과의 관계를 잘 해야지요.

자신을 도와주는 분도 주위 분들이고 어쩌면 망하는 것도 주위 분들 때문일 수 있죠.

자신이 다 할 수는 없고, 부족한 자금은 빌릴 수 있고, 부족한 지식은 도움받으면서 최대한 주위 분들께 도움을 주고받아야 합니다.

책과 인터넷 등 많은 곳에서 정보를 공수하면서

레버리지(지렛대)를 최대한 이용합니다. 이 관계를 잘하시는 분들이 사업을 잘합니다. 사업을 잘하시는 분은 대인관계가 좋지요. 많이 겪어보았기에 사람을 잘 알지요. 그런 분들이 성공을 잘하고요.

예로부터 장사는 신용이라 했습니다. 약속과 신용이 장사와 사업에서는 최고입니다.

보통 회사나 기업은 혼자 하는 게 아니죠. 처음에는 혼자 시작해서 차차 커집니다. 장사에서 사업으로 넘어갑니다. 여기서부터는 많은 공부가 필요할 겁니다. 경제에 관한 지식, 세금 관계, 사람들과의 관계 등 많은 공부가 필요합니다.

'서정진' 회장님은 성공의 비결은 "사람들이 도와줄 수 있도록 마음이 들게 처신하라."라는 겁니다.

책이나 자료를 통해 공부를 많이 하고 겸손한 마음으로, 그리고 '기부의 법칙'으로 먼저 도울 것이 무언가를 찾으면 되지 않나 싶어요. 물론 돈이 아니라도 다른 무엇, 자신이 베풀 수 있는 것이 무엇인지 생각해 봐야지요. 사소한 것이라도….

18.
믿음 : 성공이 200배 강해진다.
하버드대- 컷 리치티 교수의 실험

1950년 하버드 '컷 리치티' 교수는 생쥐를 물 속에 넣으면 얼마나 오래 살 수 있을지에 대한 잔인한 실험을 했습니다.

집에서 사는 생쥐는 50시간 살아남았고, 야생 쥐는 15분 이내로 사는 것을 포기했습니다. 이번에는 야생 쥐를 익사 직전에 꺼내고 쉬게 했다가 다시 물에 집어넣었더니 놀랍게도 50시간을 버티었습니다. 몇 배, 몇십 배가 아니고 200배나 오래 살아남았습니다.

생쥐는 조금만 버티면 구해줄 거라는 믿음으로 200배의 시간을 견뎌낸 것입니다. 인간뿐만 아니라 동물들에게도 이런 일들이 명확히 일어납니다. 우리는 여기서 우리가 할 수 있다는 믿음이 얼마나 큰 위력을 발휘하는지 보았습니다.

앞으로는 조금이라도 부정적인 생각이나 말들은 버려야겠습니다. 할 수 있다는 믿음을 가지고 열심히 하면 안 되는 것이 없다는 것을 많은 사람이 보여주었습니다.

성공한 사람들은 자신을 믿고 자기 일을 믿고 추진하면서 세상을 개척해 나가고 있습니다. 일론 머스크는 죽기 전에 우주여행이 가능하다는 확실한 믿음을 가지고 지금도 노력하고 있습니다. 저도 이 사실을 믿고 응원합니다.

가끔, 사람들은 성공은 특별한 사람이나 가능하다고 합니다. 저는 그렇게 생각하지 않습니다. 다만 그 고통을 참아내지 못하고 힘들어서 피하는 것이지, 누구든지 참고 그처럼 노력하면 얼마든지 가능하리라 생각합니다.

핑계보다는 나 자신의 탓으로 돌려야 합니다. 그리고 실패는 실패로 보지 않아야 합니다. 하나의 과정이고 당연히 겪어야 할 일이라 생각합니다. 그리고 믿음은 우리가 생각하는 것 이상의 효과가 있습니다.

모든 성공자는 '자신이 성공한다.'라는 강한 믿음으로 그 자리에 왔습니다.

'내가 성공하겠지' '잘 되겠지.' 하는 약한 마음으로 이 험한 세상 이루기는 힘들 겁니다.

앞에서 보듯이 '이지영', '손정의', '서정진' 등 수많은 사람은 '나는 반드시 성공한다, 나는 잘 된다.'라는 강한 자신과 믿음으로 이루어 냈습니다. 그만큼 노력했고요.

저도 저 자신이 성공하리라는 것을 무조건 믿고 계획을 실천합니다. 그리고 여러분도 성공하리라는 200배의 믿음으로 자신의 목표에 최선을 다 하시기를 기원합니다.

사람은 동물 이상의 능력이 있으므로 한계가 없습니다.

19. 100번 쓰기, 100번 읽기

  방송에서 '김승호' 회장과 '켈리 최'는 100씩 쓰기를 권하고 있습니다. 이것은 1번이라도 빠지면 소원이 안 이루어진다는 말이 아니라 그만큼 정성껏 그 일에 몰입하면 이뤄진다는 것일 겁니다. 저는 이것도 좋다고 생각합니다.

  그리고 저는 100번 읽기를 권합니다. 어떤 책이 자신의 멘토 역할을 한다면 100번 정도 읽으면 반드시 그분의 삶을 많이 배우고 흡수할 수 있으리라 생각합니다.

  자신이 원하는 도서를 몰입하여 100번 읽으면 어느 정도의 경지까지 갈 수 있습니다.

저의 멘토께서는 소중한 책은 100번 이상 읽기를 권했습니다. 백번 읽으면 책 내용과 한마음이 되어서 책의 내용이 어느 정도 자신의 것이 된다고 하셨습니다. 시공을 초월한 몰입의 경지에 드는 겁니다.

저는 정말 좋은 내용은 종이에 적에 벽에 붙이고 봅니다. 그러면 힘들 때마다 많은 힘과 영감을 얻습니다.

2장. 찾아쓰는 성공요소

여기서 잠시 제가 찾아본 성공요소들을 옮겨 보겠습니다.

여유를 갖는다. 긍정적 생각, 하나에 미치기, 꾸준함, 루틴(습관), 일단 행동, 절제, 기록, 허풍, 꿈 선언, 두려움 거부, 독하게 노력, 열심히, 위기를 기회로, 실패 극복, 불가능은 없다, 신용, 약속 잘 지킨다, 메모, 최선, 죽을 각오, 끌어당김의 법칙, 몰입, 운동, 먼저 베풀기, 환경 개선, 자기 확신, 고통 이기기, 인내, 끈기, 하고 싶은 일 하기, 의지, 독서, 명상, 사색, 산책, 일찍 일어나기, 이타적(베풀기), 용기, 목표 적기, 위험 감수, 나보다 뛰어난 사람 만나기, 레버리지(지렛대) 기술사용, 여유, 정성, 겸손.

아마도, 제가 모르는 부분이 더욱 있을 것입니다. 어떻게 보면 이 모든 것이 연결되어 있을 수도 있겠지요, 많은 것을 못 할 수도 있고, 몇 가지만으로도 성공할 수도 있을 겁니다.

　이 많은 것들을 쉽게 접근하는 길이 독서나 인터넷 등의 공부일 것입니다. 물론 인터넷에 중독되어서 다른 일을 외면해서는 안 되죠.

01. 계획

앞에서 말씀드렸지만, 다시 한번 정리하겠습니다. 지금부터는 자신에게 맞는 것들을 잘 활용하면 좋겠습니다.

꿈은 꾸는 거라고 봅니다. 계획을 세우는 거죠. 작은 계획은 언제나 할 수 있는 일이어서 의욕이 잘 일어나지 않습니다. 최저 시급 정도의 목표면 아무래도 조금의 노력으로 가능하니까요. 그래서 자신이 과연 할 수 있을까 하는 약간의 높은 계획을 세우는 겁니다. 그러므로 목표 달성에 의욕이 생기고 불이 붙여지는 거죠.

앞서서 말씀드렸듯이 허황하다시피 크게 계

획을 세우고 공표하는 겁니다. 주위의 비아냥을 극복하기 위해서 자연히 더욱 열심히 하게 되죠.

여기서 '끌어당김의 법칙'을 적용하면 끝없는 목표와 계획을 세울 수도 있죠. '손정의' 회장님처럼 말입니다. 그만큼 열심히 자신이 세운 계획을 실행하면 되고요.

그리고 자신이 세운 목표를 어지간하면 수정하지 않는 게 좋습니다. 최선을 다하다 보면 안 되더라도 거기서 또 다른 세상이 열린답니다.

목표를 세우면 주위의 모든 것들이 자신을 도와주는 듯합니다. 물론 열심히 해야 합니다. 목표에 간절함이 있으면 무엇이든지 이룰 수 있습니다.

자신의 몸과 마음이 목표성취에 맞게 변하게

되는 것을 느낍니다. 저는 잠시나마 느껴보았습니다.

02. 실행

계획을 세웠으면 실행하는 거죠. 노력하는 겁니다. '정주영' 회장님의 "해보기나 했나?"라는 말처럼요. 하기만 하면 의외로 많은 것이 해결되죠. 실제로 행하는 사람들이 많지 않을 수도 있으니까요!

그래서 시작하기만 하면 쉽게 성취되는 일이 있다고도 합니다. 노력은 만고의 진리이죠. 이왕 하는 거 재미있게 혹은 긍정적으로 하는 거죠. 하기 싫은데 돈 벌기 위해서 먹고 살기 위해서 한다면 재미가 없을 겁니다.

물론 저도 지금까지 그렇게 살았고, 자본을 모

으려고 어쩔 수 없이 하기 싫은 일을 할 겁니다.

이렇게 계획을 행함에 있어서 더욱 추진력을 달 수 있는 것은 여러 가지가 있겠죠. 자신감과 부정적 생각 버리기, 용기….

03. 몰입과 만 시간의 법칙

이 중에서 저는 효과 만점인 몰입을 추천합니다. '황농문' 교수님의 유튜브나 책도 권하고요.

'손정의', '이지영'처럼 자신의 목표를 정합니다. 그다음 '일심', '끌어당김의 법칙'으로 한 가지 생각으로 '황농문', 성철스님'처럼 몰입을 3~10년 하면 자신이 원하는 꿈이 이루어진다고 봅니다.

'만 시간의 법칙'은 어느 정도의 기간 집중해서 노력하면 뭐든지 가능하다는 얘기입니다. 여기서 자신이 원하는 목표를 세우고 어느 정도 시간의 노력이면 될지 기간을 잡고, 구체적인 계획을 세운 후 확신하고 추진하면 됩니다.

04. 실패를 통해 성장한다.

10년간 성공한 분들의 자료를 찾아보니 실패는 다들 겪는 것이더군요. '테슬라'의 '일론 머스크'는 '스페이스X'의 우주선 발사를 3번이나 실패해도 개의치 않았고 '애플'의 '잡스'도 실패했을 때를 축복이었다고까지 했습니다.

그런데 '잡스' 뿐 아니라 사업가 '강호동'도 자신의 실패가 축복이었다고 말했습니다. 과연 이런 말이 나올 수 있을지가 의심스러웠습니다. 자료를 찾아보니 많은 성공한 분들이 실패를 고마워하더군요. 자신들의 성공을 실패에서 배웠다고 하고요.

저도 그래서 한번 둘러보았습니다. 그리고는 옆에 계신 분에게 제가 실패한 것을 애기하는데 저도 모르게 남의 탓을 하며 애기하더군요. 그랬더니 옆의 분은 제게 오만하다는 것이었습니다. 그리고 이분들과 비교해보니 너무나 차이가 나는 것이었습니다. 실패자인 저는 실패를 원망하고, 성공자들은 실패를 자기 탓으로 하며 감사로 받아들이더군요.

저도 지금부터 다시 생각하겠습니다. 실패를 알려주셔서 감사하다는 것을, 지금이라도 다시 시작할 수 있음이 축복이라는 것을요.

사업을 하다 보면 누구나 넘어지고 엎어집니다. 실패는 필수 공식입니다.

여기서 사업의 성패가 갈라집니다. 주저앉고 마느냐? 일어서느냐?

저도 말은 이렇게 하지만 쉽지만은 않지요. 크

게 성공할수록 아픔이 크다더군요.

부디 우리는 아픔을 슬기롭게 헤쳐나가야 합니다.

같은 실수를 반복하는 것은 욕심 때문입니다.

우리가 욕심을 버리고 차근차근히 하였으면 많은 실수는 하지 않았을 겁니다. 무엇보다도 욕심만 버렸어도 어느 정도는 바라는 대로 되었을 겁니다. 같은 실수를 반복하는 것은 욕심 때문입니다. 수많은 유혹이 올 겁니다. "이제 됐다. 그 정도만 성공해도 되었다." 마음 한쪽에서는 많은 유혹이 옵니다. 자신과 싸움에서 이겨나가시기를….

05. 기브 앤 테이크

다음은 '기브 앤 테이크'입니다. 세상의 결과는 인과응보라는 말이 있습니다. 자신이 한 만큼 돌아온다는 것이었습니다. 저는 종교인이 아니지만, 불교의 인과응보, 기독교의 11조를 좋아합니다. 없는 사람이 성공할 수 있는 비결 중에서 쉬운 것은 먼저 나눠주는 겁니다. 인과응보에 의해 돌아오니까요.

어쩌면 말이 안 될 것입니다. 있는 사람이 나눠줘야지 생각할 것입니다. 그리고 실제로 있어야만 나눠줄 수 있으니까요. 여기서 깊이 한번 생각해 보면

기브 앤 테이크 = 인과응보 = 불변의 진리

그러므로 성공하려면 먼저 베풀면 쉽게 돌아옵니다. 저는 이 공식을 적극적으로 추천합니다.

백문이 불여일견이듯 해봐야 압니다. 대가를 바라지마시고요...

06. 위기를 기회로

보통 일이 주어질 때는 양면성이 있습니다. 자신이 어떤 것을 하고 싶고 하려고 해도 용기가 잘 나지 않습니다. 아마도 두려움이 가로막고 있기 때문일 겁니다.

어쩌면 우리는 그냥 흘려보내는 평범한 일들 속에서, 성공자들은 기회를 보고 거기서 성공의 불씨를 지필지도 모릅니다. 아는 것만큼 보이기 때문이겠죠.

어떤 사람은, 사람들이 원하는 것에서 기회를 찾고, 불편함을 개선하면서 사업 아이템을 찾습니다. 또한, 남들이 가지 않는 미지의 세계에 도전하기도 합니다.

항상 용기와 두려움은 같이 다니고 거기서 성공을 발견할 겁니다. 위기와 기회는 같이 온다는 말이 있습니다.

코로나 시절에 어려움이 와도 여기서 기회를 찾은 분들은 분명 있었을 테니까요. 위기(실패)를 잘 극복하면 기회(성공)가 온다는 뜻일 것입니다. 목표에의 두려움은 극복하고 용기 내 도전하면 이룰 수 있다는 말이기도 하고요.

부정적인 생각을 버리면 긍정적이고 감사한 마음이 찾아옵니다. 고리타분한 애기일 수 있으나 사실일 겁니다. 항상 사업을 시작하면 고비가 찾아옵니다.

누구나 마주하기 싫지요. 그러나 피할 수도,

돌아갈 수도 없지요. 담담히 받아들이고 극복해 내야만이 앞이 보입니다. 그리고 이런 고비를 많이 넘길수록 성공에 더욱 가까워지는 거고요.

극한의 인내와 고통은 그만큼 많은 것을 가져 다줄 것이며 겸손과 인내와 용기로 극복해야 합니다.

07. 운명과 사주

누구나 타고난 사주는 있을 것입니다. 그렇다고 타고난 운명대로 산다는 것은 너무 재미없는 것입니다. 그리고 얼마든지 어느 정도는 바꿀 수 있을 거로 생각합니다.

예를 들어서 쌍둥이로 태어나는 사람들은 비슷한 삶을 살아야 할 것입니다. 그러나 얼마든지 전혀 다른 삶을 사는 사람들이 많습니다. 지금까지의 성공사례를 보듯이 얼마든지 노력으로 바꿀 수 있다고 생각합니다. 그리고 그렇게 노력으로 바꾼 사람들이 너무나 많기 때문입니다.

<선계에 가고 싶다> 작가분께서는 이렇게 말

합니다.

"인간은 핵인자, 시간인자, 환경인자, 영성인자로 태어납니다.

첫째, 핵인자입니다. 종자, 씨라고도 하죠. 어떤 부모로부터 어떤 종자를 만들어내면 그런 성질이 많이 있는 사람이 됩니다.

둘째, 시간인자입니다. 종자가 정해졌으면 몇 년, 몇 월, 몇 시에 태어날지가 결정되는데 흔히 사주팔자라고 말씀을 드리는 겁니다.

셋째, 기氣인자 혹은 환경인자라고도 합니다.

넷째, 영성인자로서 기도나 명상, 또는 종교적인 활동이나 훈련을 통해 개선할 수 있는 여지를 주는 겁니다. 기도나 명상 등으로 자신의 영성을 진화시킵니다."

위에서 말씀드린 네 가지 인자 중에서 타고난 핵인자와 시간인자는 바꿀 수 없지만, 환경인자와 영성인자는 얼마든지 노력으로 가능하죠.

그래서 주위 환경에 긍정적인 사람들과 만나고 부정적인 생각과 사람을 피합니다. 그리고 출퇴근도 자신의 일하는 곳 근처에서 하며 시간 절약을 합니다. 저는 스티브 잡스처럼 명상을 권합니다.

우리는 자신도 모르게 습관과 운명이라는 사주에 따라서 살아가 집니다. 평소에 좋은 습관을 갖고 사업하는 것이 중요합니다.

생각을 바꾸면, 즉 수많은 성공자처럼 노력하면, 모든 면이 바뀌게 될 것입니다. 자신의 몸과 마음이 성공자의 모습으로 바뀔 것입니다. 믿음을 갖고 열심히 달려보시죠.

08. 노력과 집중

　사람의 노력은 과히 끝이 없습니다. 사람이 최고의 노력에 몰입하면 가히 어떤 일이 일어날지 상상이 어렵습니다. 성공한 사람들이 그 길을 가고 있고 보여주고 있습니다.

　우리가 투자할 것은 다른 무엇보다도 ”자신이 계획을 세우고 노력하는 것"입니다.

　노력보다 확실한 투자는 없습니다. 노력은 배신하지 않으며, 많은 성공자가 노력에 투자함으로 성공해 왔습니다.

　쉬운 일이 아니므로 성공한 사람들이 소수뿐일

겁니다. 남들이 다 노력하는데 자신은 쉬고 있으면 처지는 겁니다.

모든 성공한 자들이 코피 터지게 노력하여 그 자리에 온 겁니다. 어찌 보면 힘들지만 확실한 성공의 방법이니 실행하기만 하면 됩니다.

어쩌면 우리는 너무나 쉬운 길을 걸어가는지도 모르겠습니다. 앞서간 분들이 넘어지고 피땀 흘리면서 일구어 온 길을 그냥 따라가기만 하면 되기도 하지요. 감사한 일입니다.

앞서서 말씀드렸듯이 한 가지를 3일 몰입하면 만 배의 능력이 된다는 말이 있습니다. 3일이 아니라 300일, 3000일(10년)이면 안 되는 일이 없겠지요.

사업의 성패는 3년이 고비라는 말이 있지요.

반대로 애기하면 3년이면 기반을 잡을 수 있다는 애기고요. 최고의 노력으로 몰입하면 어지간한 일은 이루어지리라 생각합니다. 우리 한번 시작해 볼까요?

09. 한 우물 파기

어떤 일에 집중하고 한 우물을 판다는 것은 집중하고 몰입하는 것과 같은 맥락일 것입니다.

여러 일을 벌리면 하나도 제대로 안 되는 수가 있죠. 하나에 집중하면 성공에 이르기가 쉬울 겁니다. 그리고 여러 면에서 통할 것입니다.

'이소룡'은 "나는 만 가지 발차기를 연습한 사람보다 한 동작을 만 번 연습한 사람이 두렵다."라는 말을 남겼죠. 어쩌면 알면서도 하기가 쉽지 않습니다. 여러 곳으로 분산된 일은 힘이 빠져서 결국에는 하나도 제대로 못 하게 됩니다.

실패의 원인으로 남을 탓하지 마세요. 성공한 사람들은 자신을 탓합니다. 자신에게서 원인과 결과를 찾으며 뜻을 이루는 경우를 많이 보았습니다.

자신이 할 수 있는 일은 한 우물을 파는 것입니다. 자기 일이 여러 가지 같지만 모두 배워두면 자신의 한가지 사업을 위한 공부일 수 있습니다.

이 일은 자신이 직접 원하는 일이며 자신이 정하는 것입니다.

인간은 자신이 진정 원하고 몰입하면 못 하는 일이 없습니다. 집중을 못 해서 못하는 겁니다. 어쩌면 여러 가지 공부와 실패가 자신의 성공 거름이 됩니다. 성공한 사람은 남의 탓을 하지 않습니다. 잘한 것, 못한 것 모두 자신에게서 원인을 찾습니다.

제가 장사할 당시에 주위에 많이 버신 몇 분은 누구보다 열심히 하였습니다. 이분들은 항상 돈 버는 일에만 신경 썼습니다. 한가지 아이템만 생각합니다.

자나 깨나, 앉으나 서나 어떻게 하면 잘될까를 생각합니다. 주위에 두 분이 계셨는데 두 분 다 그렇게 열심히 하시고 많이 벌더군요. 그리고 그중에 한 분은 배짱도 좋았습니다.

두려움 없이 과감히 배팅도 하니까 더욱 많이 벌더군요. 그러니까 배짱 있으면서 오로지 장사 만 생각하면 금상첨화더군요.

10. 자신감

성공한 사람들과 보통사람들의 차이 중의 하나는 자신감일 것입니다. 자기 자신을 믿는 겁니다.

예를 들어서 복싱 선수가 시합에 나가기 전 자신감 없이 올라가면 과연 이길 수 있을까요. 우연히 가능할지 모르나 이길 수 없을 겁니다. 수많은 성공인은 자신감이 충만합니다. 어떨 때 보면 건방질 정도입니다.

슈퍼스타인 UFC 챔피언 '코너 맥그리거', 복싱 챔피언 '메이웨더' 등은 눈꼴이 사납도록 건방집니다. 그러나 그들의 피나는 노력은 인정해 줘야 합니다.

그들은 건방지지만, 자신감으로 세계정복을 만들었습니다. 최고의 자신감과 꿈을, 성공의 에너지로 삼았습니다.

앞에서 말씀드렸듯이 내가 없으면 세상이 없는 거나 마찬가지죠. 물론 세상은 있지만 내가 없다면 의미가 없다는 말입니다. 그러니 무엇보다도 먼저 자신의 성공을 위해서 일해야 합니다. 자신의 성공을 의심하거나 두려워 말고 자신을 믿고 나아가야 할 것입니다.

11. 여유를 가진다.

아무리 바쁘고 급해도 여유를 가져야 합니다. 중간중간 자신을 돌아보고 자기 일을 돌아보면서 중간점검을 해야 합니다. 아니면 돌이킬 수 없이 다른 방향으로 갈 수 있을지 모르니까요. 바쁘고 급할수록 여유를 가져야 합니다.

이것은 게으름과는 다른 것으로 여유에서 새로운 길을 발견할 수 있고 여유를 가짐으로써 더욱 힘찬 노력을 할 수 있을 것입니다.

아는 지인에게서 들은 말이 생각이 나네요.

신비한 마음의 세계로 여행을 떠나볼까요?

"졸졸졸 집에서 새는 조그만 물소리는 거슬리는데, 비가 내리는 소리는 시끄럽지 않습니다. 지나가는 길에 나무가 있으며 돌아서 가고 산새 소리가 아침을 깨워도 기분이 나쁘지 않습니다.

사람은 늘 자연을 극복하면서 살아가지만, 자연은 화를 내지 않습니다. 그들은 하나같이 마음이 없기 때문입니다. 그들이 마음으로 대하지 않으니 나도 마음 없이 있는 그대로 마주합니다.

성공에 대해 누군가 묻는다면 저는 이렇게 말하겠습니다. '마음이 없어지는 것'이라고요.
마음이 없어진다는 것을 좀 더 정확하게 표현하면 마음의 경계가 없는 것입니다. 특정한 대상이나 특정한 현상에 마음이 묶여있지 않는 것 말이지요.

행복은 '행복하지 않다'라는 개념이 있어서 가능한 말입니다. 행복은 관념적이라서 행복이라고 말을 꺼내는 순간 행복에 영향을 미치는 어떤 것이 있다는 것을 동시에 의미합니다.

군이 행복하다거나 불행하다는 생각이 떠오르지 않을 때가 가장 행복한 것입니다.

마찬가지로 성공은 실패라는 개념이 언제나 함께합니다. 실패가 없으면 성공은 없습니다. 동전의 앞면은 뒷면이 있어서 존재할 수 있는 것과 마찬가지입니다.

하고자 했는데, 이루어지지 못하거나 도달하지 못한 것을 실패라고 한다면, 성공은 '하고자 하는 것'이 반드시 있을 때 사용됩니다. 하고자 한다는 것은 무엇을 말하는지요?

'마음'입니다.

인정받고 싶고, 부자가 되고 싶고, 권력을 가지고 싶고, 편안해지고 싶은 마음들입니다. 그것을 이루었을 때 일반적으로 성공이라고 부릅니다.

그러나 그 마음들이 자기 생각대로 되지 않습니다. 다른 사람이 보았을 때 어느 정도 도달한 것 같아도 자신은 흡족하지 않습니다. 그래서 모두가 늘 실패를 안고 살아갑니다.

그렇게 실패한 사람들의 공통적인 특징은 마음이 있다는 것입니다. 자신이 성취하고자 하는 무엇인가가 있는 것입니다. 언제나 이루지 못할 과제를 안고 살아갑니다.

옆에서 보면 이미 큰 성취를 얻은 것 같은데도, 자신의 마음은 그렇지 않은 것은, 마음의 경계가 있기 때문입니다.

다른 사람에게는 없는 나만의 경계를 스스로 세웠기 때문입니다. 마음에 경계가 있으니 그 경계 내에 들어오지 못하는 것은 실패라고 여겨집니다.

자기 마음대로 하고 싶은 것이 작용한 것입니다. 행복도 그 경계로 나누었으니, 마음이 오락가락하면 행복도 오락가락합니다.

성공이 실패와 한배를 탄 반대 개념이라면, 성공을 찾는 방법도 어렵지 않습니다.

실패가 마음이 있어서라면 성공은 마음이 없을 때입니다. 마음이라는 한배를 타고 있지만, 마음이 있는 것과 없는 것은 전혀 다릅니다. 마음이 있는 것은 마음에 경계가 있다는 것입니다.

사람의 인지 기능이 마음에 작용하듯 사람은 마음의 배에서 떠날 수 없습니다. 그 경계에 갇혀

끝없는 성공과 행복을 좇게 되고 맙니다. 실패와 불행을 동반한 채로요.

마음을 없애 보세요.

내가 만든 마음은 대부분 허상의 경계로 세워진 거짓입니다. 그 거짓에 성공이라는 근사한 포장을 하였으나, 나의 본심은 알고 있습니다. 그것이 갈등을 일으키고 마음을 가라앉게 합니다.

성공을 찾고 싶다면 실패도 인정해주세요.

내 마음이 순풍을 타고 싶다면 다른 마음에 지닌 벽을 허무세요. 진정한 행복과 성공을 얻는 것입니다."

12. 타인의 시각으로

먼저 자신을 객관적으로 바라볼 필요가 있습니다. 언젠가 TV에서 어느 정도 성공을 이룬 분을 보았습니다. 그는 자신은 최선을 다했으며 100억 대를 이루었다고 말합니다. 더 이상 일을 하면 미칠 것 같다고 했습니다. 물론 우리가 볼 때는 엄청나게 성공했습니다, 감히 따라갈 수 없을 정도입니다.

그러나 만약에 1000억대의 사람이 보았을 때는 어땠을까요. 물론 그 노력을 무시하거나 하지는 않을 것입니다. 그러나 이분이 봤을 때는 더 노력할 수 있다고 생각할 것입니다.

저는 이런 경우를 TV에서 종종 보거든요. 과연 한계는 있는 걸까요. 어느 수준이 한계라고 할 수 있을까요. 사람에 따라서는 1억일 수도 있고 10억일 수도 있겠지요. '일론 머스크'는 어떨까요? 아마도 한계는 없을 것입니다. 아무도 앞으로의 세상을 모르며 얼마나 더 발전할지도 모르기 때문이죠.

한계는 없습니다.

자신이 '여기까지다'라고 생각하는 순간이 한계입니다.

13. 긍정적인 생각

항시 생각을 긍정적으로 해야 합니다. 순간순간 부정적인 생각이 들면 뿌리치고 나가야 합니다. 부정은 부정을 낳고 긍정은 긍정을 낳으니까요.

긍정적인 생각으로 끌어당김의 법칙을 믿으며 노력하다 보면 머지않아 성공의 깃발이 보일 것입니다.

한순간만 방심해도 자신도 모르게 부정적인 생각의 바다로 들어가더군요. 아차 싶어 다시 돌아오면 마음이 편하고 약간의 기쁨이 찾아오기도 합니다.

예를 들면 개인마다 다르겠지만 1억이나 10억을 죽을 때까지 노력하면 가능할 것입니다.

안된다고 생각하는 것은 당장 눈앞에 보여야 한다는 것입니다. 급한 면을 버리면 성공하리라 봅니다. 자신의 몰입 정도에 따라서 1년이 될 수도 10년이 될 수도 있을 것입니다.

서점에는 생각의 속도, 생각의 비밀 등 생각에 관한 서적이 많이 있습니다. 아직은 못 봤으나 분명 생각의 중요함을 말했을 겁니다.

긍정적인 생각이야말로 항상 성공의 지름길이죠. 부정적인 생각은 성공의 걸림돌입니다.

성공자는 자신을 믿고 끝까지 추진하여 뜻하는 바를 이룹니다. 물론 처음부터 누구나 그렇게 되지 않습니다. 이 긍정적 생각도 큰 노력이 필요합니다.

수시로 부정적 생각이 밀려들기 때문입니다. 자신에 대한 확신의 강한 긍정은 불가능한 것도 극복할 수 있을 것입니다.

14. 사소한 일에도 주의한다.

일상생활에서 사소한 작은 일이 큰 사건의 발단이 되는 수가 있습니다. 큰 성공의 출발도 사소한 것에서 일어나기도 하고요. 살인 같은 것도 사소한 시비에서 일어날 수 있습니다. 사소한 일에도 신경을 쓰면 실패하는 일을 미리 막을 수 있을 겁니다.

중요한 일은, 사업의 성패가 달렸으니 열심히 할 것입니다. 그러나 사소한 일을 쉽게 보고 넘겼다가는 큰 실수를 할 수 있습니다. 사소한 것을 잘 챙기면 성공에의 길은 가까워 질 겁니다.

사업은 10번 100번 잘하다가도 한번 잘못으로

한순간에 실패의 고비를 맞기도 합니다. 항상 깨어있어야 하고 사소한 실수도 주의하고 조심해야 합니다.

때로는 과감한 배짱이 필요합니다.
때로는 세심한 주의가 필요하죠.
때로는 허황한 꿈을 꾸지만
때로는 치밀한 계획이 필요합니다.
때로는 지옥같이 일하고
때로는 여유를 가지십시오.

15. 바쁠수록 차분하게

바쁠수록 차분하게

사업을 하다 보면 정신없이 돌아갑니다. 시간과 장소를 맞추어 추진해야 하며 아무리 좋은 아이템이라도 너무 빠르면 사람들이 못 알아보거나 너무 늦으면 뒷북치는 꼴이죠. 바쁘고 급하다 보면 자신의 실수를 발견하기도 어렵고 가끔 잘못을 수습하지도 못할 수 있습니다.

사업은 한순간의 실수로 나락으로 갈 수 있습니다. 10번 잘하다가도 한 번의 실수로 망하는 수가 있습니다. 속된 말로 한 방에 갑니다.

급할수록 차분히 돌아보면서 실수하지 말며 실수를 수습해야 합니다. 급할수록 빠트리는 부분이 있으니 바빠도 일은 차분히 할 수 있어야 합니다.

큰일과 작은 일, 즉 돈이 되는 일과 안 되는 일은 차분한 상태에서 잘 파악이 됩니다. "급할수록 돌아가라"라는 말처럼요.

사업을 할 시에 항시 중간 점검

사업할 시에는 점검과 확인이 필요합니다. 하나하나 정하면서 하다가 이상이 있을 시에는 다시 해야 합니다. 바쁘다고 그냥 지나쳤다가는 실패의 시작이 될 수도 있지요. 바쁘더라도 조금의 이상도 지나치지 말고 점검과 조치가 필요합니다.

사업에서의 돌발 사건은 발전의 기회이기도 합니다. 돌발이 생길 시 늦어질 수 있으나 차분히 점검해 나가면 성공의 발판이 되는 겁니다.

16. 인내하라

극심한 고통

자신감을 가지고 인내해야 합니다.

자기 자신을 믿으면 불가능을 가능한 것으로 바꿀 수 있습니다.

항상 자신감을 가지고 주위의 비난에 신경 쓰지 말아야 합니다.

일론 머스크는 극심한 고통을 인내하면서 성공의 자리에 올랐습니다. 보통 사람들의 몇 배의 인내를 참아내며 성공하고 있습니다.

고통 속에 헤맬 때

일론 머스크는 우주선이 3번째 실패했을 때 가정에서는 이혼을 당했습니다.

처참한 고통 속에서도 포기하지 않고 삶을 살고, 고통이 자신을 결정적으로 성장시키는 비결임을 알았습니다. 진심으로 열심히 하여 성공하였습니다.

우리는 인터넷 시대를 살기에 주위에서 답을 쉽게 찾을 수 있습니다. 노력만 하면 성공모델은 얼마든지 찾을 수 있고 따라 하기만 하면 되죠.

17. 기회는 준비된 자에게 온다.

기회

항상 일을 하다 보면 기회는 열심히 할 때 옵니다. 많이들 겪어 보셨겠지만, 가만히 있는데 오지는 않죠. 저는 많은 기회를 놓쳤습니다. 평소에 능력을 갖추고 노력해야 많이 잡을 수 있습니다. 열심히 일하다 보면 기회가 오기도 하는데 능력을 갖추지 못하면 그냥 날아가죠.

저는 10년간 많은 경험을 하였습니다. 평소 정성으로 노력하면 반드시 기회가 옵니다. 정성스러운 노력이죠.

불가능은 없다.

사람들은 한두 번의 실패로 불평불만을 하기도 합니다. 상황이 어렵고 힘들게 돌아가지만, 결코 하늘이 원해서가 아닙니다. 하늘은 사람들에게 도움을 주려고 합니다. 부정적으로 생각되는 것조차도 그 부정적인 역할을 통하여 긍정적인 방향으로 진행됨에 의의가 있습니다.

세상은 사람을 버리지 않지만, 사람이 세상을 속입니다. 인간이 세상을 외면받은 것으로 착각하지만 세상은 사람을 외면하지 않습니다. 이 세상과 사회는 사람들을 위해 세워졌으나 적응하지 못하는 사람들은 모든 기회를 놓치고 맙니다.

세상의 모든 것은 기회일 수 있으며 기회입니

다. 모든 일은 좋은 쪽으로 돌아가려 합니다. 실패조차도 더욱 성공하도록 진행됩니다. 제발, 부정적인 생각을 버리면 안 되는 일이 없습니다.

18. 사업 아이템

사업 아이템은 찾기 쉬우면서도 어렵습니다. 장사도 손님이 원하는 걸 팔아야 합니다. 저의 생각에는

사업 아이템은 생활에 불편한 것을 개선하거나 손님이 필요로 하는 것을 팔면 됩니다.

어찌 보면 쉬울 수도 있습니다. 분명히 좋은 물건을 싸게 드리고 싶으나 손님은 의외로 안 좋은 물건을 비싸게 사기를 원하기도 합니다. 여러분은 어떻게 하겠습니까? 저는 손님이 원하는 후자를 택할 것입니다. 손님은 왕이니까요.

19. 돈과 장사에 관한 생각

유통의 개념은 사람마다 차이가 있을 겁니다. 저의 경우는 유통은 자금의 빠른 회전이라고 말하고 싶습니다.

예를 들어 1000만 원으로 1달에 1번 팔면(유통하면) 100만 원을 번다고 가정하겠습니다. 일단 계산하기 쉽게 세금이나 기타 경비를 빼고 계산해 보겠습니다. 그럼 1000만 원으로 1달에 2번 물건을 팔았을 때는 200만 원을 벌게 되겠죠. 만약에 1000만 원으로 1달에 매일 물건을 팔아서 100만 원씩의 수익을 낸다면 어떻게 될까요. 아마 3000만 원을 버는 거겠죠. 저는 이것이 유통으로 돈을 벌 수 있는 게 아닌가 생각합니다.

돈은 내 주머니에 들어와야 내 것이 되는 것

저는 장사할 때에 물건을 외상으로 주기도 하고 받기도 했지요. 서로 어려우므로 가끔 외상을 주었고요. 어느 날 저녁 6시까지 100만 원을 받기도 했는데 늦어지더군요. 그래서 재촉하면 자신도 받아서 주겠다고 하면서 1~20분씩 미루었습니다. 그러다 보면 1~2시간, 1~2일 이러다가 결국에는 못 받았습니다.

결국은 돈은 내 손에 들어와야 내 것이 되고, 내 통장에 적혀야 내 것이 되더군요. 다른 말로 하자면 약속을 지키면 다행인데 못 지키면 사기가 되지요.

장사는 자리보다 사람이 잘해야 성공

장사는 목 좋은 것보다도 사람이 잘해야 합니다. 저는 처음 장사 시에 목이 좋아야 한다고 생각했습니다. 물론 자리가 중요합니다만 그보다는 장사하는 사람이 더 중요하더군요. 저는 10년 정도 하면서 좋은 자리 나쁜 자리 다 해보았습니다. 아무리 좋은 자리도 그 사람이 어떻게 하느냐에 따라서 매출이 차이가 나더군요. 좀 나쁜 자리에서도 수완이 좋은 사람은 많은 매출을 올리고 더 좋은 자리에서도 수완이 나쁘면 반대로 수익이 안 높죠. 무엇이든 사람이 하는 겁니다.

적은 돈이 모여 큰돈이 된다.

'김승호' 회장은 돈이 인격체라고 합니다. 저

는 거기까지는 몰라도 적은 돈이 모여서 큰돈이 된다고 생각합니다. 저의 어머니는 1원도 아끼라고 하셨습니다. 옛날 어른이니 그럴 수도 있지만요.

돈은 10원이 모여 100원이 되고 1억이 되지요. 적은 돈이 큰돈이 되고, 작은 일이 큰일이 되듯이 아끼고 신중해야 합니다.

20. 좋아하는 일과 잘 하는 일

어떤 일을 할 때 좋아하는 일을 할 것인가, 잘하는 일을 할 것인가는 갈등을 낳습니다. 물론 두 가지를 다 만족하면 바랄 게 없겠지요.

제 개인적인 생각은 좋아하는 일을 해야 한다고 생각합니다. 좋아하는 일을 함으로써 더 즐겁고 흥이 나서 더욱 잘할 수 있으리라 생각합니다.

물론 망할 수도 있지만 이왕이면, 자신이 하고 싶은 일을 하고 실패하면, 그나마 위안을 얻을 겁니다. 이 경우 자신이 아무것도 가진 게 없는 처지라면 일단은 잘하는 일을 해서 어느 정도 모은 후 좋아하는 일을 하는 것이 바르다고 생각합니다.

21. 후회하지 말자.

우리는 누구나 실수하고 실패합니다. 그러나 이것을 가슴에 두고 후회한들, 아무 도움이 안 됩니다. 물론 정확한 원인 분석은 필요합니다. 그리고 과감히 잊고 현재에 충실해야 합니다.

실패는 1시간이 되었든 1초가 되었든 과거입니다. 과거에 머무르지 말고 현재에 충실해야 합니다. 현재의 최선이 쌓여서 몰입되고 집중이 됩니다. 이것이 쌓여서 성공이 한 부분이 되지요. 뒤돌아보지 않도록 마무리를 잘하면 머지않아 성공의 문이 보일 겁니다.

고통을 참고 인내로 버텨야 합니다. 일론 머

스크는 창업하는 사람들에게 창업은 너무 고통스럽다고 합니다. 어지간하면 하지 말기를 권합니다. 저도 사업을 하려면 엄청난 고통을 참고 넘겨야 한다고 생각합니다.

　모든 요소가 인내의 입구가 힘들지 인내의 입구만 넘기면 그다음은 순조롭다고 생각합니다. 물론 사업 초기에 인내는 넘기기 어렵죠. 그래서 많은 사람이 실패라고 포기하지요. 그러나 모든 성공한 이들은 고통의 입구를 인내하면서 넘어왔습니다. 참고 인내하면 언젠가는 성공의 길을 갈 수 있을 겁니다.

22. 공짜는 없다.

세상에는 공짜가 없는 듯합니다. 이룬 사람들은 항상 그만큼의 대가를 지급합니다. 겉으로는 거저 버는 것 같지마는 속으로는 코피 터지게 일하지요. 밤잠 안 자고요.

거저 번 것은 대가를 치르더군요. 예를 들어 복권에 당첨되거나 하는 사람들은 많은 분이 방탕한 생활에 망가지더군요. 아닌 분도 많지만요.

<세이노의 가르침>에서는 보상의 법칙은 천천히 온다고 말합니다. 저의 경험도 어찌 보면 노력한 만큼의 보상이 오더군요. 보상을 당연한

것이 아닌 감사한 마음으로 받으면 더욱 좋게
되고요.

23. 일이 있음에 고마움을 안다.

 사업을 함에 있어 사람이 찾아 나서야 합니다. 가만히 있으면 일이 생기지 않습니다. 사람이 사업을 찾아서 실행해야 합니다. 일거리가 넘치는 때는 모르지만 없어지면 알게 됩니다.

 일을 줌에 감사하고, 즐겁고 보람된다는 것을. 나아가 자신과 가족이 먹고살 수 있고 발전할 수 있음에 감사한 일입니다. 일 중에서도 일론 머스크처럼 우주여행과 전기차 개발 같은 창조적인 일은 인류발전에 보람있게 될 것입니다.

24. 부모 탓, 자신 탓

성공자들은 부모 탓을 안 합니다. 어쩔 수 없는 부분은 과감히 무시합니다. 자신이 태어난 외모와 재산은 타고난 것입니다. 성공자들은 이것에 전혀 개의치 않습니다. 그리고 오로지 자신의 노력으로 조건을 변화시킵니다.

자신의 노력으로 좋은 머리를 만들고 학벌을 바꾸어서 재산을 쟁취합니다. 이렇게 되면 타고난 것은 별 의미가 없게 되기도 하지요. 조건이 자신의 것이며 자신의 탓입니다. 부모 탓은 하지 않아야 발전합니다.

지금의 상태는 어제의 이뤄낸 결과물이고 지

금의 노력은 내일의 성공으로 올 겁니다. 철저한 사회의 약속이죠. 자기 일을 소신껏 하고 결과를 자신이 받아들여야죠.

모든 것이 자기 탓이지 남의 탓이 없는 겁니다.

25. 세상은 넓고 고수는 많다.

우리는 가끔 착각합니다. 자신이 세상에서 많은 것을 알고 잘하고 있는 것으로요. 저도 한때는 장사가 잘 될 때는 보이는 것 없고 안하무인이 되더군요.

항상 망해 보고 실패해 보면 자신을 알게 되죠. 1억 자산가는 10억 자산가의 마음을 모르고 10억 자산가는 그 이상을 모를 것입니다. 외국을 안 가본 사람은 세상이 넓다는 걸 모르겠죠. 간접적으로나마 접할 수 있는 것이 책이라고 생각합니다. 저도 책을 잘 안 보는 스타일이지만 책과 유튜브로 인생이 바뀌었습니다. 절망에서 이렇게 희망의 아이콘이 되었으니까요.

26. 최선을 다하는 사람은 아름답다.

어떤 사람이 아름다울까요. 취향과 생각이 다르지만 저는 최선을 다하는 사람이라 봅니다. 최선을 다하는 사람은 너무 아름답습니다. 항상 열심히 일하고 최선을 다할 때 기회가 주어지고 하더군요.

알면서도 자신과의 싸움이 쉽지가 않지요. 자신의 두려움과 싸움을 해야 합니다. 두려움을 극복하면 또 다른 기회가 주어지기도 하죠. 도전에서 두렵다는 것은 사업이 잘 진행된다는 뜻이기도 하구요.

27. 선택 : 가시밭길

자신의 생활은 자신이 결정하죠. 편히 적당한 일을 찾아 적당히 살 수 있고 성공의 가시밭길을 걸을 수도 있죠.

실패도 하겠지만 실패가 중요한 것이 아니라 그냥 다시 도전하면 되는 거죠. 이것이 진정한 성공자인 거죠. 많은 위기가 자신도 잘 모르는 다양한 방법으로 오겠지요. 판단력이 요구되고요.

저는 지금까지 적당히 편히 살아왔습니다. 남은 생 얼마 안 남았는데 어려운 생활에 도전하며 성공을 맛보고 싶어요. 같이 해보시죠.

에필로그

지금까지 성공한 수많은 사람의 사례들을 추적하고 연구해서 찾아냈습니다. 어쩌면 공식 같을 수도 있습니다. 여러 가지 방법이 많이 있습니다. 자신에게 맞는 방법들을 찾아 실행하기만 하면 됩니다. 계획을 세우고 한 치의 의심도 하지 말고 부정적인 생각도 하지 말고요. 많은 사람이 이렇게 해서 성공했으니까요. 지금도 성공하고 있고요. 저와 여러분도 이 글의 주인공들처럼 되는 날이 머지않았습니다.

저는 항상 불만이 많은 사람이었습니다. 매사가 부정적이어서 시기와 질투를 많이 했습니다. 저를 힘들게 하고 의견이 안 맞으면 미워했지요. 지금도 가끔은 그렇고요. 그러나 부정을 인식하는 순간 과감히 버립니다.

그리고 계획을 세우는 순간부터 완전히 바뀌었습니다. 스티브 잡스처럼 제가 알코올 중독으로 사업에 실패한 것을 감사로 생각하렵니다. 그러려면 잡스처럼 성공해야겠지요. 그리고 엄청나게 노력해야 하고요. 긍정의 마음으로 열심히 하면 가능하리라 믿습니다. 어찌 보면 이 글들이 저 자신에게 하는 말이 되었네요.

물이나 꽃들에게 '고맙다', '감사하다'라는 말을 해 주면 꽃이 잘 자라고 물은 맛있는 물로 변한다는 것이 과학적으로 증명되었지요.

얼마나 읽힐지 아직 모릅니다. 그러나 최소한 저 자신에게 감사드립니다. 그리고 출판을 도와주신 주리님께도 감사드립니다.

알게 모르게 양으로 음으로 출판에 도움 주신 모든 분께 감사드립니다.

참고

네이버 블로그

무수이(https://blog.naver.com/musue2)

유튜브 채널: 스노우볼, 북토크, 책갈피, 이지영. 하와이대
저택, 황농문의 몰입이야기

추천도서목록

돈의 속성(김승호, 스노우 폭스북스)
부자 아빠 가난한 아빠(로버트 기요시키, 믿음인)
선계에 가고싶다.(문화영, 수선재)
세이노의 가르침(세이노, 데이원)
시크릿(론다 번, 살림Biz)
음부경陰符經